LA DEFFAITE

GENERALLE DE

TOVTES LES TROVP-
PES DV SIEVR DE SOVBIZE
par l'Armée du Roy.

SA MAIESTE'
Y ESTANT EN PERSONNE.

*Le nombre des Soldats, tant tuez,
que prisonniers.*

Auec la prise de leur canon, & quatorze
de leurs vaisseaux, au Port de S. Giles.

A PARIS.

Chez PIERRE ROCOLLET, en sa bouti-
que au Palais, en la gallerie des Prisonniers.
M. DC. XXII.
AVEC PERMISSION.

LA DEFFAITE GENERALLE DE TOVTES LES TROVPPES DV SIEVR DE SOUBIZE

par l'Armée du Roÿ.

SA MAIESTE'

Y ESTANT EN PERSONNE.

*Le nombre des Soldats, tant tuez,
que prisonniers.*

Auec la prise de leur canon, & quatorze
de leurs vaisseaux, au Port de S. Giles.

A PARIS.

Chez PIERRE ROCOLLET, en sa bouti-
que au Palais, en la gallerie des Prisonniers.
M. DC. XXII.
AVEC PERMISSION.

L*A DEFAITE GE-*
neralle et sanglante de toutes les trouppes du sieur de Soubi-ze au Port de S. Gille,

Par L'armée du Roy.

E Roy ayant eu aduis que le Sieur de Soubize faisoit des courses extraordinaires dans le Poictou, et qu'il persistoit tousiours en ses premieres reuoltes, resolut auecques son armée de s'approcher de luy et de luy rompre ses desseins, il partit de Nantes pour entrer dans le Poictou, et costoyer la mer où le dit Sieur auoit mis le principal de ses forces principalement en l'isle de Reu, ou il auoit cinq mile hommes tant de pied que de cheual.

Sa Maiesté fit des aproches et fit boucher toutes les auenues par où ledit sieur de Soubise se pouuoit sauuer, il dépecha vne partie de ses troupes au port de S. Gille l'vne à la Barre, l'autre à Monts, et quelques compagnies à S. Iean qui sont les quatre ports qui sembloient fauoriser dauantage à la fuitte des ennemis, et par ou ils pouuoient esperer quelque retraicte.

Cependant Sa Maiesté entra auec tout sa Caualerie et les trois mile cinq cens hommes de Monsieur de la Rochefoucault dans l'isle, ou il fit mesme porter son lict et son souper à l'imitation de François premier qui n'eut en vn pareil cas durant les gueres qu'il faisoit en Italie, que le timon d'vn chariot pour son oreiller.

Il y fit porter quantité de pain et de viure pour les gens de guerre auec resolution de les forcer le lendemain au point du iour, et leur donner vn assaut general par cinq endroits auec toute l'infanterie qui (comprise tous les troupes de Monsieur de la Roche foucault) estoit de dix mile hommes.

Sa Maiesté voulut recognoistre la force et l'estat ou estoient les ennemis pour a quoy aboutir il commanda à Monsieur le Marechal de Vitry de prendre six cens cheuaux et onze cens hommes de pied pour les aller recognoistre.

Ledict sieur, comme il est tres-affectionné au seruice de son Prince, voulut aussi prendre l'occasion par les cheueux, et tesmoigner auec quelle ardeur il cherit l'heureux succés de sa Maiesté.

Il prit les six cens cheuaux et les vnze cens hommes de pied qui luy furent donnez, et alla sous l'heureuse conduite des guides qui l'accompagoient au bord de la mer, ou il eut aduis que les trouppes dudit sieur de Soubise s'embarquoient au port de sainct Gilles.

Il en fit promptement aduertir sa Maiesté qui aussi tost prit ses armes et endossa sa cuirasse : et bien qu'il ne fut que deux heures apres minuict, il quitta toutesfois son repos pour embrasser la fatigue d'vn furieux et aspre combat, et se porter valeureusement en la meslée.

Ce genereux courage qui brusle d'vn ardent desir, d'engrauer son nom sur l'airain de l'immortalité, les assaillit auec tant de furie, que les ayans pris à despourueu il les tailla tous en pieces, la mer ne fut empourprée que de leur sang, ils n'eurent pas le loisir de s'armer, car l'industrie de sa Maiesté les desarma du courage deuant qu'ils se fussent armez et endossez de leur harnois.

La deffaite fut de plus de deux mille hommes de pied, dont la pluspart se precipita dans l'onde, iamais on eust peu voir vn tel desordre il fut impossible au Sieur de Soubise de ralier pas vn de ses gens.

Le Mareschal de Vitri qui auoit commencé le choc, fit paroistre aux rebelles et partialistes de ce Royaume dequel bras il est armé pour le

seruice, d'vn Roy, qui sous les dra-
peaux de la Iustice se fait places par-
my les dangers les plus hazardeux.

Monsieur le Prince de Condé
auec ses cheuaux legers tesmoigna
aussi en ceste rencontre combien il
est porté au seruice de son Roy,
trenchant au fil des armes tout ceux
qui penserent eschaper sa furie.

Mais ce qui est plus à admirer ce
fut de uoir sa Maiesté d'vn courage hardi et d'vn'ame genereuse se
porter aux coups en la meslée a la
teste de son escadron, cela animoit
le courage et enflammoit la fureur
de soldats a sa suitte.

L'espouuante et le desordre qui

se mit dans les ennemis en mesme temps auec la fureur des assaillans qui moissonnoient desia la victoire, les mit generalement en déroute plnsieurs tanterent en vain d'eschaper le peril qui leur pesoiet sur la teste mais la charge furieuse qui leur battoit en flanc et en dos les ruina entierement.

Outre les deux mille hommes qui ont estez defaicts, il y en eut pour le moins deux mille qui furent prisonniers, tout leur canon est demeuré au Roy auec quatorze vaisseaux de batterie.

Tout le bagage et la pillerie que ces mutinez auoient fait dans le

Poictou demeura aux soldats de l'Armée du Roy qui butinerent entierement leurs vaisseaux, ou plusieurs de ces fuyans s'estoient ietté uuec leur butin pour s'eschapper et se sauuer du hazard ou leur imprudence les auoit fait tomber.

Le sieur de Soubize apres auoir en vain fait ses efforts pour s'opposer à vne telle inondation de troupes qu'il voyoit grossir de plus en plus, comme desesperé de ne pouuoir rien gaigner par terre, puis qu'elle lui manquoit, se precipita à naage dedans l'eau auuec quelques vns de sa Cauallerie, qui toutesfois ne peuuent euiter le danger qui les tallonne, car monsieur d'Espernon qui vient trouuer le Roy, auec huict cens cheuaux, les pourra bien rencontrer, et les prendre à leur desaduantage.

Outre le butin que i'ay remarqué cy dessus les Soldats de sa Maiesté ont pris et saisy entre les despouilles des ennemis tout l'attirail qui conduisoit et menoit le Canon desdits rebelles auec les poudres, balles et munitions qu'ils auoient preparez pour contester l'entrée de ceste Isle à sa Maiesté.

La Noblesse de France a fait paroistre en ceste furieuse charge auec combien d'ardeur et de courage elle embrasse le party de son Prince, et auec quelle generosité elle est animée pour son seruice, il n'y a eu personne des principaux de l'armée qui n'eut trempé ses armes victorieuses dans le sang de ces acquilons reuoltez.

Le Roy ioyeux de tant de Lauriers verdoyans qui luy ombrageoient la teste, pour vne signalée deffaite, apres le combat rendit graces solemnelles à Dieu de tant de faueurs qu'il lui prodigoit, et bien veigna auec vne allegresse plus qu'admirable, et vn fauorable accueil tous ses Capitaines en general, qui tous remercians honorablement sa Ma-

jesté d'auoir conduit si genereuse-
ment ses trouppes.

Tant de Palmes victorieuses, qui s'accumulent de iour à autre à l'a-duantage de sa Maiesté, ne sont-elles pas capables de faire cognoistre aux rebelles, que le Moteur des Astres tient son party, et que le Ciel opine en sa faueur.

Voila ce que nous auons re-cueilly de plus certain des nouuelles arriuees, sur ce sujet nous vous auons presenté cecy, en attendant que nous faisions vne generale et entiere description du faict.

FIN.

PERMISSION.

IL est permis à Pierre Rocolet, marchant Libraire, d'imprimer, ou faire imprimer, vendre et distribuer vn Discours intitulé, *La defaitte generalle de toutes les Trouppes du Sieur de Soubize, etc.* Et deffences sont faictes à tous autres Imprimeurs, Libraires et Colpolteurs de l'imprimer ou faire imprimer, ny exposer en vente, sur peine de deux cens liures d'amende. Faict à Paris, ce dix neufiesme iour d'Auril mil six cens vingt deux.

Réimprimé à Nantes

PAR

VINCENT FOREST & ÉMILE GRIMAUD

le 4 avril 1882.